SUR LA FORME DES GOUVERNEMENS

ET QUELLE EST LA MEILLEURE.

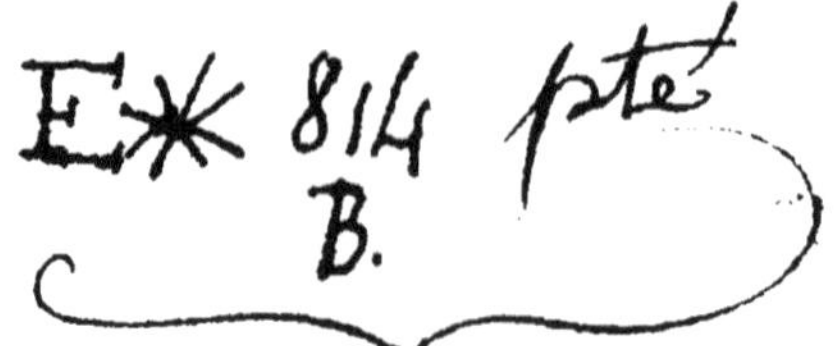

Les HUIT DISSERTATIONS de M. le comte de HERTZBERG se trouvent chez le même Libraire.

SUR LA FORME DES GOUVERNEMENS,

ET

QUELLE EST LA MEILLEURE;

Dissertation extraite des huit Dissertations que M. le Comte de HERTZBERG, Ministre d'État, membre et actuellement Curateur de l'Académie de Berlin, a lues dans les assemblées publiques de l'Académie Royale des Sciences et Belles-Lettres de Berlin, tenues pour l'anniversaire du Roi FRÉDERIC II, dans les années 1780 à 1787.

A BERLIN,

Chez GEORGES-JACQUES DECKER, et fils.

Et se trouve A PARIS,

Chez ONFROY, Libraire, rue Saint-Victor, N°. [illegible]

1789.

LETTRE
DU CENSEUR
AU LIBRAIRE.

Je vous fais repasser, Monsieur, le volume renfermant les huit Dissertations de M. le comte de Hertzberg, ministre d'état en Prusse, en vous donnant en même temps avis, que j'ai envoyé mon jugement en faveur de l'ouvrage, et mon approbation, à M. le directeur général pour Monseigneur le Garde des Sceaux. Comme bon citoyen, je serois tenté, Monsieur, de vous exhorter à faire imprimer séparément la Dissertation qui se trouve à la page 41. J'ose présumer que tous ceux qui prennent, au même titre que moi, intérêt aux affaires générales, la liront avec satisfaction. J'ose présumer plus ; je me persuade que toutes les personnes revêtues d'un caractère qui les met à portée de concourir, par leurs idées au rétablissement des choses, que tous les personnages qui seront préposés pour l'assemblée des Etats-généraux, y remarqueront des notions fort avantageuses pour la France, si on veut les suivre, ou du moins très-propres à suggérer une corroboration de principes essentiels.

Je suis, monsieur, avec une parfaite estime,

Votre très-humble, et très-obéissant serviteur,
Le Chev. DE GAIGNE,
Censeur Royal.

Paris, ce 15 décembre 1788.

SUR LA FORME DES GOUVERNEMENS, ET QUELLE EST LA MEILLEURE.

C'EST une ancienne dispute de tous les siècles et de toutes les nations, et qui sera peut-être toujours agitée, *combien il y a de formes de gouvernement, et quelle est la meilleure?* Cette matière, aussi difficile qu'intéressante pour le genre humain, a été beaucoup éclaircie de nos jours par le célèbre ouvrage de *M. de Montesquieu sur l'esprit des lois;* mais je crois qu'elle pourroit être encore portée à des principes d'une évidence plus incontestable, par un raisonnement suivi, et fondé sur les abstractions qu'on peut faire de l'histoire et de l'expérience de tous les gouvernemens. Mon état et ma vocation ne me permettent pas de lire tout ce qui a été écrit là-dessus, depuis *Aristote* jusqu'à *Locke* et *Montesquieu ;* mais ils me fournissent journellement occasion d'y réfléchir, et le tableau général de l'histoire ancienne et moderne présente souvent à mon esprit ou à mon imagination, des abstractions, des comparaisons et des observations sur ce qui se trouve de bon ou de défectueux dans ce nombre immense de gouvernemens connus depuis six mille ans. Je me flatte de n'être pas désapprouvé, si, après avoir produit ici dans des assemblées publiques précédentes, mes idées sur *le caractère national des Germains et des Prussiens*, sur la *force relative et sur les révolutions des Etats*, je présente *quelques observations détachées sur la forme des gouvernemens*, à une société illustre et éclairée, qui en est le juge le plus compétent, à un jour et dans une assemblée solennelle, où nous célébrons la révolution annuelle d'un des meilleurs gouvernemens, qui servira de modèle aux princes et aux siècles à venir.

Je crois avec *Montesquieu*, que toutes les formes de gouvernement connus et possibles, se réduisent à trois espèces, le gouvernement *monarchique*, le *despotique* et le *républicain*. Le *monarchique* est celui où un seul homme, qu'on nomme empereur, roi, sultan, calife, schach, cubo, duc ou prince souverain, et qui est toujours monarque ou souverain unique, gouverne l'état d'une manière indépendante, mais d'après des lois fondamentales, et avec des règles fixes et suivies, qu'il ne change pas sans de bonnes raisons; et s'il le fait, il dégénère en despote. Le *gouvernement despotique* est celui où de même un seul homme régit l'état uniquement selon sa volonté, sans observer ni lois, ni formes, ni règles;

c'est proprement l'abus de la monarchie. Le *gouvernement est républicain*, quand l'état est gouverné par le peuple en corps, ce qu'on appelle la *démocratie;* ou par une partie des citoyens principaux et notables, et alors on le nomme *aristocratie.* Avec quelque réflexion, on sentira aisément que la démocratie et l'aristocratie ne sont que des subdivisions du gouvernement républicain. Il ne me seroit pas difficile de prouver par l'histoire, que le gouvernement républicain, sur-tout l'aristocratie, dégénère plus souvent en despotisme que la monarchie; et que ses époques sont ordinairement les plus heureuses et les plus brillantes, quand il se rapproche du gouvernement monarchique.

La monarchie est sans contredit, par sa nature, la plus ancienne forme de gouvernement, et la première qui ait uni les sociétés. Les patriarches et les premiers chefs de famille, étoient leurs monarques. Tous les anciens états de la Grèce et de l'Italie, qui sont ensuite devenus républiques, ont commencé par avoir des rois. *Denys d'Halycarnasse*, L. V, dit : *Ab initio omnibus Græciæ urbibus sui erant reges, qui tamen non barbarica licentia dominabantur, sed juxta leges et mores patrios regnum exercebant, optimusque rex habebatur, qui esset justissimus et legum observantissimus, nusquam discedens ab institutis patriis.* Combien de rois n'y avoit-il pas au siége de Troie? Ces rois de la Grèce furent chassés ensuite pour quelques abus, ou par l'inquiétude ou l'ambition de quelques particuliers. Solon, Lycurgue et les Décemvirs créèrent à Athènes, à Sparte et à Rome, des formes de gouvernement bizarres, qui, après avoir été variées cent fois, sont pourtant toujours rentrées à la fin dans la monarchie.

Une monarchie héréditaire, tempérée par de bonnes lois fondamentales, qu'on adapte au local du pays, et au caractère de la nation, est à mon avis la forme de gouvernement la plus propre à produire et à effectuer le bonheur des hommes, des sociétés et des nations. Comme le pouvoir y réside dans la volonté d'un seul souverain héréditaire, celui-ci a pour lui la plus forte présomption qu'il n'en fera usage que pour le bien de son peuple, parce que sa gloire, sa puissance, sa tranquillité, et même sa conservation, sont inséparablement attachées au bonheur de ses sujets. L'expérience la plus générale, sur-tout celle de notre siècle, qui s'éclaire de plus en plus, justifie pleinement cette présomption, et la convertit en certitude morale. D'un autre côté, comme dans un gouvernement républicain le pouvoir réside dans un grand nombre de citoyens, il est impossible, par la nature de l'esprit et du caractère des hommes, comme le constate une expérience générale, que les volontés d'un grand nombre de citoyens se réunissent jamais pour le bien public sur un seul point; chaque membre de l'état envisageant les affaires d'une manière différente, chaque individu n'étant pas solidairement intéressé au bonheur de l'état comme le monarque héréditaire, et n'en ayant qu'une portion médiocre, il s'en trouve toujours qui, par ambition et par inquiétude, veulent s'approprier l'autorité publique toute entière, ou pour la plus grande partie, c'est-à-dire, qui veulent gouverner eux-mêmes. S'il y a parmi les citoyens quelques Aristides ou quelques Épaminondas, des Timoléons, des Curius, des Cincinnatus, des Scipions, des Dorias et des Sullys, qui ne travaillent qu'à conserver la république, qui combattent pour elle dans le danger, et qui après l'avoir sauvée se retirent; il y aura toujours parmi eux un plus grand nombre encore de Périclès, de Thémistocles, d'Appius, de Gracques, de Syllas, de Césars et de Cromwels, qui aspireront et qui parviendront même au despotisme, par la subversion totale de la liberté publique, et par l'assujettissement de leurs concitoyens.

L'expérience de tous les temps fait aussi voir que les monarchies se conservent dans une longue suite de siècles, et presque toujours dans leur forme monarchique, quoiqu'elles souffrent des révolutions intérieures et passagères dans la succession ou dans l'étendue. La Chine, l'Indostan, la Perse, la Turquie, la Russie, l'Allemagne, la France, l'Angleterre, l'Espagne, la Suède, le Danemarck, sont toujours des monarchies depuis qu'on les connoît, malgré le grand nombre de leurs révolutions momentanées. Aucune république ne sauroit se vanter d'une durée aussi longue. Les petites républiques des deux Grèces et de l'Asie mineure, ne comptent que quelques siècles, et ont été bientôt conquises par les monarques de la petite Macédoine. Les deux plus grandes républiques que le monde ait vues, *Rome* et *Carthage*, n'ont soutenu leur gouvernement républicain pendant peu de siècles, que pour succomber ensuite à dix siècles d'un despotisme affreux. Les jours les plus brillans que ces deux républiques ayent eus, sont les époques dans lesquelles elles ont eu des dictateurs. Hannon, Hamilcar, Hannibal, Asdrubal, étoient, comme généraux et dictateurs, les véritables monarques de Carthage. Les Camille, les Fabius, les Flaminius, les Scipion, les Métellus, les Paul-Émile, les Marius, les Pompée, les César, les Auguste, étoient dictateurs de Rome, ou avec ou sans ce nom. Ils étoient les monarques réels et véritables de Rome; ils réunissoient tout le pouvoir de l'état dans leur personne, ou par leurs vertus, ou par l'usurpation, et toujours par leur capacité personnelle, qui leur donna une supériorité décidée sur leurs concitoyens. Si nous avons encore quelques républiques modernes en Europe, qui subsistent depuis plusieurs siècles, elles ne se conservent et ne se conserveront pas tant par la bonté intrinsèque de leur gouvernement, que par leur situation, par la jalousie de leurs voisins, et par ces principes d'une politique juste et tranquille, qui prévaut à présent en Europe, et qui assure presque à tous les états l'intégrité et la durée de leurs possessions. Le temps des républiques paroissoit entièrement passé. Notre siècle nous en a donné un nouveau phénomène, par la naissance de la nouvelle république américaine, qui ne doit son origine qu'aux fautes du gouvernement britannique, et à la jalousie politique et de commerce des puissances voisines. Il faut attendre du moins un demi-siècle pour voir si et comment cette nouvelle république, ou ce corps confédéré, consolidera la forme de son gouvernement ; elle ne fait du moins jusqu'ici aucune preuve en faveur de la forme républicaine. Les deux monarchies républicaines de l'Europe, la Pologne et l'Angleterre, n'en font pas une meilleure preuve, malgré tout ce que *Montesquieu* et d'autres panégyristes de la constitution anglaise nous disent pour la préconiser.

Il me paroît décidé par tous les exemples que je viens d'alléguer, et par l'expérience de tous les états, que les monarchies sont beaucoup plus propres à attaquer et à se défendre, que les états républicains ; leur existence est beaucoup plus assurée : Rome, Carthage et l'Angleterre, ne font point exception à cette règle ; elles ont presque toujours attaqué, non en républiques, mais en monarchies, par des dictateurs ou des généraux absolus.

Si la monarchie emporte entièrement la balance du côté de la partie militaire et externe, elle peut disputer également l'avantage du côté de l'administration civile. Un monarque, même d'un génie médiocre, peut donner plus aisément que la république, l'activité et la force nécessaires à toutes les parties du gouvernement intérieur; il a plus de facilité à diriger au bien public la justice, la police, les finances, l'agriculture et le commerce ; il lui est moins difficile d'écarter les abus et les cabales; il le fera toujours s'il entend ses intérêts ; il trouvera même son compte à assurer à tous ses sujets, la liberté et leurs propriétés ; pendant que nous avons vu que la vie, l'honneur et la propriété ont été et sont encore bien moins en sureté dans les états les plus républicains que dans les plus monarchiques. La tranquillité interne et externe qui fait le fond du gouvernement monarchique, empêche même par, sa nature, tous ces essors qui causent si souvent dans les républiques des scènes éclatantes, mais la plupart funestes. On dira que le monarque peut abuser de son pouvoir, que cent monarques l'ont fait; mais alors il est despote: il ne le sera pas long-temps pour une nation généreuse ; l'abus ne sera ni si durable, ni si étendu que le mal que font les factions dans la république. J'en atteste les guerres civiles, et même les simples discordes de toutes les nations. Tibère, Néron, Louis XI et Jean Basilides n'ont pas fait tant de mal à leurs états, que les guerres civiles des Triumvirs en ont fait à Rome, la ligue à la France, et les guerres des Démétries à la Russie.

En général, quand on veut comparer la république avec la monarchie, il ne faut pas confondre avec celle-ci le despotisme, qui n'est qu'une monarchie dégénérée. Les défauts de la république en sont inséparables par la nature de l'homme, mais ceux de la monarchie n'y sont pas inhérens, et ils s'en séparent de plus en plus dans notre siècle philosophique.

Quand je préfère la monarchie à la république, je ne pense pas à ces gouvernemens despotiques qui, depuis les siècles les plus reculés jusqu'à nos jours, tiennent toutes les nations de l'Orient et de l'Afrique dans un esclavage servile et stupide, et qui accablent et déshonorent en même-temps l'humanité, ne connoissant ni le nom de liberté ni celui de république; je ne parle que de la *monarchie libre* et *tempérée*, qui depuis tous les siècles connus est propre à la plupart des nations européennes, sur-tout aux germaniques. Je ne fais la comparaison que de ces sortes de nations dont Tacite dit dans sa Germanie, avec une précision et une énergie inimitables :

ARSACIS REGNO ACRIOR EST GERMANORUM LIBERTAS. *La liberté des Germains a toujours été plus dangereuse aux Romains que le despotisme des Parthes.* Tacite donne ici au gouvernement des Germains *la qualité caractéristique de libre.* Cependant il est connu par l'histoire, qu'il a toujours été monarchique, et que presque toutes les nations germaniques, c'est-à-dire, celles qui depuis les temps connus ont habité jusqu'à nos jours cette vaste région entre le Rhin et la Vistule, y compris la Scandinavie, ou la Suède et le Danemarck, ont toujours été gouvernées par des rois *(kœnige)*, des ducs *(herzoge)*, et des princes *(fürsten, vœrderste oder führer)*, et en général par des souverains héréditaires, qui étoient seuls à la tête d'une nation, et exerçoient tout le pouvoir du gouvernement militaire et civil, mais avec le conseil et l'assistance des nobles et des chefs de chaque nation, comme le savant *Clu-*

vier l'a expliqué en détaillant la forme et la nature de tous les gouvernemens des anciens Germains, avec autant de savoir que d'exactitude, dans le livre premier de sa *Germania antiqu,a* chap. 37 et suivans, auxquels je puis renvoyer les curieux. Tout le monde connoît les noms célèbres de *Brennus*, roi des Sénons, qui conduisit sa nation à Rome et de la en Grèce et en Asie ; de *Teutoboch* et de *Bogorix*, qui menèrent les Teutons et les Cimbres en Italie, et firent trembler Rome ; d'*Arioviste*, qui combattit comme roi des Suèves contre César ; de cet immortel *Arminius* ou *Hermann*, ce grand roi ou duc de la médiocre nation des Chérusques, qui seul et le premier abattit, par la défaite de Varus, la puissance du premier et du plus grand conquérant et dominateur de l'univers, qui le réduisit au désespoir, et repoussa les Romains au delà du Rhin ; qui, après avoir délivré sa patrie d'un joug étranger,

la

la garantit également de l'asservissement interne, en détrônant son contemporain le célèbre *Marbod*, ce superbe et habile roi des grandes nations des Marcomans, des Quades et des Ligiens, mais qui, après avoir régné douze ans avec la plus grande gloire, succomba ensuite lui-même au soupçon de ses concitoyens, d'avoir aspiré au despotisme : » *Quum Arminius pulso* » *magno Marabodio regnum adfectat*, » *libertatem popularium adversam habet*, » *petitusque armis cum varia fortuna* » *certaret*, *dolo propinquarum cecidit*, » *postquam* 12 *potentiæ principalis an-* » *nos explevit*, « comme dit *Tacite*, selon sa manière unique, dans le second livre des annales. Les Chérusques revenus apparemment de leur erreur, appelèrent ensuite au trône son neveu *Italus*, qui avoit été élevé à Rome ; mais ils le chassèrent aussi par la même raison que son oncle, *quum secunda fortuna ad superbiam prolaberetur*, selon

Tacite, livre second de ses annales, ainsi que *Vannius*, successeur de Marbod.

Lorsqu'on parcourt ce que César, Velléius Paterculus, Tacite, Strabon et d'autres historiens Romains ont écrit des Germains de leurs siècles, on trouve que chaque grande ou petite nation de la Germanie avoit son Roi, duc ou prince, sans qu'on y trouve presque aucune trace de quelque république formelle démocratique ou aristocratique, ni d'un monarque général de toute la Germanie. Lorsque ces nations se réunirent ensuite en grands corps, lorsque les Vandales, les Goths, les Francs, les Bourguignons, les Longobards et les Angles envahirent l'empire Romain, et établirent chacune dans chaque province les monarchies connues, ils le firent toujours sous les auspices des Rois héréditaires, qui ont transmis jusqu'à nos jours leurs gouvernemens monarchiques.

Ces anciens Rois et ducs des Germains gouvernoient leurs nations avec un pouvoir très-limité, sous la forme aristocratique, avec l'assistance des nobles et des chefs de famille; ils n'étoient proprement que les généraux qui commandoient en tems de guerre, et les directeurs qui haranguoient dans la paix (1).

Tacite en dit dans sa Germanie :

Reges ex nobilitate, duces ex virtute sumunt, nec regibus insinita aut libera potestas, et duces exemplo potius quam imperio, si prompti, si conspicui, si ante aciem agant admiratione præsunt.— In conciliis.—Rex vel

Les Germains prennent leurs rois dans la noblesse, et ils choisissent les ducs ou généraux d'après leur valeur : les rois n'ont point un pouvoir libre ni illimité; les ducs ou généraux ne commandent pas tant par leur

(1) Je crois que si dans nos monarchies républicaines modernes, les rois haranguoient plus souvent et assistoient aux délibérations, ils feroient plus d'impression que leurs ministres.

princeps, prout ætas cuique, prout facundia est, audiuntur auctoritate suadendi magis quam jubendi potestate; si displicuit sententia, fremitu aspernatur; sin placuit, frameas concutiunt.

autorité que par l'exemple et par l'admiration qu'ils excitent, quand ils se montrent actifs, et courageux à la tête des combattans : dans les assemblées publiques, le roi ou le prince se fait principalement écouter par son âge, par la noblesse de son origine, par le souvenir de ses exploits guerriers, et plus encore par son éloquence, et il l'emporte plutôt par le poids de ses conseils que par celui de ses ordres; quand ils en sont contens, ils le marquent èn battant sur leurs écus; dans le cas contraire, ils le rejettent par leur murmure.

C'est une esquisse et même un tableau aussi beau que naturel du gouvernement des anciens Germains et de toute autre nation généreuse dans sa simplicité primitive, qui fourniroit un bel épisode à un *Homère* ou *Ossian* Teuton, et dont l'essence subsiste encore dans la forme moderne de l'empire germanique, et devroit subsister dans les bons gouvernemens.

Si l'on examine tout cela de près, on trouvera sans peine que le gouvernement des anciens Teutons étoit une monarchie mêlée d'aristocratie, composée du prince, des nobles, des hommes libres *(ingenui)* et des Prêtres (Bardes, Druides), sans être mêlée du bas peuple, qui étoit esclave. Çette forme de gouvernement, propre et naturelle à une nation guerrière et conquérante, fut continuée, mais aussi amplifiée dans les siècles suivans, lorsque les grandes nations germaniques ou teutonnes susmentionnées s'établirent chacune dans une des provinces romaines, et y formèrent les monarchies modernes. Les rois s'appropriérent une grande partie des terres et des possessions des peuples vaincus; ils en gardèrent une partie pour leur subsistance en *domaine* (ce qu'ils appelèrent *curtis regia*), et ils donnèrent aux nobles qui les avoient suivis à la guerre et à la conquête, la plus grande partie de ces terres en *fiefs*, c'est-à-dire pour la seule obligation de servir l'état en tems de guerre par leurs personnes, et d'être d'ailleurs francs et libres de tout autre impôt, contribution ou redevance. Ces feudataires ou vassaux nobles augmentèrent peu à peu leurs possessions et leurs titres, et devinrent successivement comtes, margraves, landgraves, burgraves, princes, enfin ducs, et quelquefois souverains. Les Rois et les mêmes nobles ayant été convertis à la religion chrétienne, donnèrent aux évêques, prêtres et moines, leurs convertisseurs, pour la rançon putative de leurs ames, une grande partie de leurs possessions; ce qui fit naître dans une suite de siècles ce grand nombre d'évêchés, d'abbayes et de couvens. Le clergé et les nobles ayant ainsi les plus grandes possessions de chaque état, ils formèrent deux classes d'homme puissans et considérés, sans lesquels les rois ne firent rien d'important; ils les convoquèrent annuellement, et plus souvent dans les grandes villes ou même dans les champs, et ils décidèrent et réglèrent toutes les affaires importantes de l'état dans ces assemblées générales, avec le conseil et le consentement du clergé et des nobles, ou de l'ordre équestre, auquel on associa dans la suite des temps les représentans des villes, et en quelques pays, même ceux des paysans. C'est là l'origine des trois ou quatre ordres qui subsistent presque dans toutes les monarchies de l'Europe. C'est celle des *reichstæge*, des diètes de l'Allemagne, de la Pologne, de la Hongrie et de la Suède, des parlemens anciens et modernes de l'Angleterre, des Cortès de l'Espagne, des états-généraux et des notables, ainsi que des anciens parlemens de la France, mais non pas des modernes. C'est de là que date et dérive en général la *constitution féodale* de presque tous les gouvernemens de l'Europe, qui est sans doute très-défectueuse, et qui a été rectifiée avec raison, mais que beaucoup de gens critiquent trop sans la connoître, et qui fait du moins la base de la liberté naturelle restée aux nations d'Europe, et qui les a préservées du despotisme oriental, en conservant dans chaque état quelques classes d'hommes libres, qui empêchent l'esclavage également dangereux du despotisme et de l'aristocratie.

L'empire Germanique est celui qui, par sa grandeur énorme, a le plus conservé de son ancienne constitution féodale. Composé d'un empereur ou roi électif, et d'un grand nombre d'électeurs, de princes, de comtes, d'évêques et de villes, il forme trois grands ordres, celui des électeurs, des princes, et des villes impériales qui, unis avec l'empereur par des représentans dans une diète générale, assemblée à Ratisbonne depuis cent vingt ans, ainsi que dans les deux tribunaux de la chambre de Wezlar et du conseil aulique, y règlent et maintiennent les intérêts et les droits généraux des membres de l'empire, pendant que chacun de ces membres, qu'on appelle états immédiats (*reichsstænde*), gouverne l'intérieur de son territoire selon certaines lois et règles, et y exerce la plus grande partie des droits de la souveraineté, sous le titre de droit territorial (*landeshoheit*). Il est vrai que c'est une forme de gouvernement un peu monstrueuse, et très-difficile à réduire aux trois formules d'Aristote. Elle ressemble en quelque façon à un système d'états confédérés, à l'ancienne ligue des Amphyctions, ou plutôt à une monarchie très-aristocratique ; mais après tout, il est très-indifférent que le gouvernement d'Allemagne ressemble à quelque forme connue ou régulière ; la conservation de sa forme présente, cimentée par les lois fondamentales de l'empire, et par les garanties de plusieurs puissances voisines, est également utile et nécessaire, tant pour les membres de l'empire, même pour son chef temporaire, que pour le reste de l'Europe, puisqu'il est certain et décidé que si un monarque absolu gouvernoit toute cette masse immense de terrain, et une nation aussi nombreuse, aussi forte et aussi guerrière, placée au centre de l'Europe, d'où elle peut répandre ses forces de tout côté, en séparant celles des états voisins ; s'il ajoutoit à quelque habileté, un certain degré d'ambition et un désir d'agrandissement et même de despotisme que l'occasion inspire aisément, il ne manqueroit pas d'acquérir bientôt la monarchie universelle de l'Europe, sans que les autres royaumes, seuls ou même ligués, pussent lui résister.

La plupart des états d'Europe ont rectifié ou plutôt changé leur ancienne forme de gouvernement, et se sont formés soit en monarchies absolues ou limitées, soit en républiques, la plupart aristocratiques. Il ne me convient pas d'apprécier la bonté intrinsèque de chacune; mais je crois qu'il m'est permis de dire qu'à mon avis, selon les principes, la nature de l'homme et l'expérience, la *meilleure forme de gouvernement* est celle d'une *monarchie libre*, dans laquelle un seul souverain réunit dans sa seule personne le pouvoir législatif et exécutif, mais où il observe et ne change pas sans une nécessité urgente et visible, des lois fondamentales, ou du moins des règles et maximes fixes, qui sont absolument nécessaires pour assurer aux sujets leurs propriétés de toute espèce, et pour leur faire administrer une justice prompte, exacte et impartiale; et où il établit ou laisse subsister des *corps intermédiaires*, ou des *états et ordres provinciaux (landstænde)* qui, sans participer au pouvoir législatif, ont la faculté de s'assembler en certains temps, de délibérer sur la situation et sur les besoins de l'état, d'en faire des rapports et des représentations au souverain, et de concourir ainsi avec sa permission et sous ses auspices, à l'administration intérieure et civile. Ces ordres ou états provinciaux ne sauroient être mieux composés que de la noblesse héréditaire, ou *des possesseurs des terres*, qui sont immédiatement, et autant que le souverain, intéressés à la conservation et au bien de l'état; *des représentans des villes*, qui le sont aussi, mais moins que les terriers, par l'instabilité de leur état; et à mon avis aussi de quelques *représen-*

tans des cultivateurs ou des *paysans*, sur-tout si les souverains pouvoient se résoudre à rendre entièrement libres tous leurs paysans et ceux de la noblesse, et à leur donner en cens héréditaire leurs domaines terriens, ce que je regarde comme le moyen le plus propre d'avancer l'agriculture et la population d'un état au plus haut degré possible, sans craindre aucun de ces inconvéniens qu'on imagine ordinairement. Le *clergé* ne doit pas à mon avis faire une classe particulière des états, mais appartenir plutôt à l'ordre de la noblesse, par rapport aux grandes possessions qu'il a ordinairement dans chaque état, tels que les évêques chez les catholiques, et les chapitres parmi les protestans. Le corps des prêtres ou curés ne peut être admis à l'administration ou législation que rarement, et seulement d'une manière consultative.

Des représentans ou députés de ces

états provincieaux, bien choisis, peuvent être fort utiles à l'état et au souverain, et lui faciliter quelquefois mieux que ses propres ministres, la connoissance intérieure du pays; ils entretiennent l'union entre le souverain et les sujets, et peuvent concilier à l'état la confiance nécessaire dans plusieurs parties, et sur-tout dans les affaires de crédit, qui lui sont quelquefois nécessaires; ils peuvent donner de bons avis et les meilleures lumières sur les nouvelles lois à faire et sur les nouveaux arrangemens de justice et de police; en général ils peuvent beaucoup contribuer à faciliter et à accélérer la marche des ressorts de l'administration interne et de pouvoir exécutif; mais il faut que ces états provinciaux soient toujours bornés *au pouvoir exécutif;* dès qu'ils concourent *au pouvoir législatif*, il en résulte d'ordinaire un dérangement total de la machine; et une foule de ces convulsions funestes qu'on voit si souvent dans les gouvernemens républicains, même de nos jours, en sont les suites nécessaires.

Ces *états provinciaux* me paroissent plus propres à faire la fonction de corps intermédiaires de la monarchie, que *les colléges de justice*. Les membres de ceux-ci n'étant pas possesseurs de terres par leur état, sont moins attachés au pays et moins instruits de son intérieur; par la nature de leur emploi ils sont plus lents et plus difficiles pour le maniement des affaires et de l'administration ordinaire, qui exige beaucoup de promptitude. Si les parlemens de France prennent dans ce royaume le rôle de corps intermédiaires, si M. *de Montesquieu* croit devoir leur attribuer le dépôt de toutes les lois, ce n'est apparemment qu'au défaut d'un corps d'états-généraux, qui n'existe plus en France.

Il se présente à cette occasion une

nouvelle question : s'il vaut mieux qu'il y ait des *états-généraux* dans une monarchie, ou des *états particuliers* dans chaque province? Il me semble, que les états provinciaux sont préférables, parce que chacune des provinces dont une monarchie est composée, a toujours une constitution particulière, qu'il n'est pas facile de changer. Il seroit presque impossible de donner une uniformité générale à la constitution de toutes les provinces sans leur causer un préjudice réel. D'ailleurs les états-généraux d'une monarchie pourroient franchir leurs bornes, et aspirer au pouvoir législatif. Un monarque habile et actif ne manquera pas de concentrer le parti qu'il peut tirer du corps des états de chaque province.

La grande et auguste souveraine de la Russie doit être persuadée de la nécessité et de l'utilité d'avoir des corps intermédiaires dans son vaste

empire,

empire, puisqu'elle en établit dans ses nouveaux gouvernemens, et qu'elle en a même fait assembler des députés dans sa capitale, pour les consulter sur la nouvelle législation. Il paroît que par ce moyen elle veut abolir peu à peu l'ancien despotisme oriental dans son empire, qui ne connoissoit jusque-là que l'ordre de la noblesse, sans celui de la bourgeoisie, les paysans étant tous esclaves ; et qu'elle tâche de rapprocher ainsi son gouvernement de la forme d'une monarchie libre. Je crois pouvoir me flatter que l'exemple d'une législatrice aussi sage et aussi expérimentée, fournit une nouvelle preuve en faveur de la préférence que je donne à la monarchie libre ou modérée, sur tous les gouvernemens républicains.

Nous avons une preuve de cette vérité encore plus voisine et plus frappante chez nous-mêmes, et dans la plupart des provinces de la monarchie prussienne, sur-tout dans ma patrie, la Poméranie. Le roi y reconnoît toujours avec distinction les états de la province; il leur permet de s'assembler à des temps fixes; il accepte et admet avec bonté toutes leurs remontrances; il les consulte souvent sur la législation, sur-tout quand elle est générale, et il ne cesse de les employer à plusieurs parties de l'administration intérieure, sur-tout pour la police; il leur confie même presque entièrement la perception des contributions rurales, ce qui se pratique en peu de pays. Il respecte et fait observer toutes nos anciennes constitutions générales et particulières, et ne les change que quand le changement est absolument nécessaire. Tout le monde sait combien le roi distingue l'ancienne noblesse de ses états, qu'il la met à la tête du militaire et du civil, et qu'il la regarde comme la force principale de son état. C'est de ces causes que, par un retour juste et naturel, découle ce *patriotisme national* que j'ai attribué dans mes dissertations précédentes, et que je crois pouvoir toujours attribuer préférablement à la nation prussienne, et nommément aux ordres et aux corps d'états de nos provinces. Je crois qu'il sera utile et agréable pour la postérité et pour l'histoire, d'en citer ici un exemple frappant, peu connu aux étrangers et même aux régnicoles, et qui seroit peut-être oublié. Lorsqu'après la perte de la bataille de Collin, en 1757, la Marche de Brandebourg et la Poméranie étoient sans défense, et qu'une armée de 20,000 Suédois s'approchoit de la forteresse de Stettin, qui n'avoit qu'une garnison de 800 hommes de milices, les états de la Poméranie s'assemblèrent de leur chef, exhortés uniquement par quelques patriotes ; ils offrirent au roi d'assembler à leurs frais dix bataillons de milice, chacun de 500 hommes ; ils lui demandèrent seulement des officiers pour les discipliner et les mettre en ordre ; ce qui fut exécuté à Stettin, par les débris des régimens Poméraniens de Manteuffel et de Bévern, abymés à Collin, et par un nombre d'anciens nobles militaires qui volèrent en foule de leurs terres à Stettin et à Colberg, pour commander ces bataillons comme chefs ou comme subalternes. Les états provinciaux de la Marche de Brandebourg suivirent cet exemple, et formèrent aussi dix bataillons de milice, et ceux de Magdebourg et de Halberstadt quatre ; et chaque province forma aussi une couple d'escadrons de hussards. Ce sont ces vingt-quatre bataillons et ces escadrons de hussards, entretenus volontairement par les états desdites provinces, pendant toute la guerre de sept ans, qui ont défendu les forteresses de Colberg et de Custrin, et garanti celles de Stettin et de Magdebourg; qui ont fait le fonds des petits corps avec lesquels les généraux de Wedell, de Belling, de Werner et d'autres, ont défendu la Poméranie et les Marches pendant toutes les campagnes de la guerre de sept ans, contre les forces si supérieures de nos ennemis, et qui ont fourni en même temps aux régimens de notre armée ces braves soldats, qui y furent enrôlés au commencement de chaque campagne, après avoir été exercés pendant l'hiver dans les bataillons de milice, et qui ont ensuite plus contribué à nos victoires, que tous les mercenaires étrangers. C'est ainsi que ces bataillons de milice, et les états provinciaux qui les ont formés de leur propre mouvement, n'ont pas peu contribué à la conservation de la monarchie prussienne. Les habitans des pays de Minden et de Ravensberg, occupés par l'ennemi, chassèrent avec ignominie les soldats de leurs provinces qui avoient déserté, et les obligèrent de retourner à leurs régimens. Presque tous les corps des états des différentes provinces, tous les collèges, et la plupart des habitans de chaque province occupée par l'ennemi, firent tout ce qui étoit en leur pouvoir pour ne pas reconnoître une domination étrangère, et pour conserver du moins au roi ses revenus, et les soustraire à l'ennemi. Le président *de Domhardt* conserva au roi en Prusse ses haras importans, en distribuant les chevaux parmi les paysans, et il sut employer presque tous les revenus de la Lituanie prussienne, à rétablir les villages que les Russes avoient brûlés. Lorsqu'après la perte de la bataille de Collin, la cavalerie du roi manquoit de chevaux, M. *de Blumenthal*, alors président de la chambre de Magdebourg, et à présent ministre d'état, engagea sans difficulté tous les habitans des différens ordres du duché de Magdebourg et de Halberstadt, à fournir au roi presque tous leurs chevaux jusqu'au nombre de 4000. Les gentilshommes, les chanoines, les bourgeois, les paysans, enfin les habitans de tous les ordres, les dételèrent à l'envi de leurs carrosses et de leurs chariots, et les amenèrent pour être employés dans la cavalerie.

Je pourrois rapporter et détailler encore un grand nombre de pareils exemples frappans d'un patriotisme extraordinaire, par lequel la nation prussienne s'est signalée dans toutes les guerres du Roi, sur-tout dans cette terrible guerre de sept ans, assurément unique dans l'histoire. Le temps et les circonstances présentes ne me permettent pas de le faire; mais je crois en avoir assez dit pour pouvoir en tirer l'induction très-sûre, que *la vertu* ou *le patriotisme* ne fait pas la propriété caractéristique des gouvernemens républicains; qu'une monarchie bien gouvernée en est tout aussi bien et peut-être plus susceptible, et que sur-tout la monarchie prussienne est entièrement dans ce cas. Je pourrois de ces mêmes exemples tirer un bon argument, pour combattre l'hypothèse que M. *de Montesquieu* a tâché de rendre si spécieuse, savoir, que *la vertu* fait le premier principe des républiques, et *l'honneur* celui des monarchies. En décomposant un peu les idées, on trouvera aisément que ce célèbre savant a embrouillé les siennes, et n'a avancé qu'un sophisme. *Le principe* est le motif et en même temps le but des actions humaines. Quand on s'examine de près, on trouve que ce principe, ce ressort, le principal motif et le but des hommes vivans dans la société ou dans un état, est l'amour de soi-même, *l'intérêt*, ou le désir de participer aux avantages de la société et de l'état, qui sont *la sureté*, *la richesse* et *l'honneur*, vrai ou faux, et consistant dans l'opinion des hommes. On ne peut parvenir à ce but et à ces avantages que par les vertus ou par les vices. La vertu n'est donc ni la cause, ni le but, ni par conséquent le principe d'un gouvernement; elle n'en est que *le moyen*; ou il faudroit supposer, avec M. *de Fénelon*, qu'on aime la vertu uniquement pour elle-même, comme il aimoit Dieu. On parvient plus surement dans la monarchie aux susdits trois avantages, surtout à la sureté et à l'honneur; on y parvient plutôt par la vertu, comme la bravoure, la dextérité et l'activité, que par le vice, tel que l'adulation, presque le seul qui réussisse dans la monarchie. Dans la république, on ne parvient presque jamais à la sureté personnelle; on y parvient aux richesses et à l'honneur par les mêmes vertus que dans les monarchies, mais plus souvent par les vices, tels que l'adulation du peuple, la cabale, la corruption, les violences, et l'usurpation qui en résulte. Ces défauts, ces vices sont plus naturels à la plupart des hommes, corrompus par un excès d'amour propre ; ils influent d'une manière si décisive dans la républi-que, que joints à la jalousie et à la désunion inséparables de cette forme de gouvernement, ils l'emportent pres-que toujours sur le petit nombre des véritables vertus qui osent se mon-trer. Qu'on passe en revue l'histoire de toutes les républiques; on y trouvera peut-être une vingtaine d'Aristides, de Curius et de Chatams, mais des milliers de Syllas, de Catilinas, de Césars et de Cromvels. Dans les mo-narchies, on trouveroit beaucoup plus de vertus, si elles pouvoient briller comme dans les républiques ; elles sont plus naturelles et plus inhérentes à cette forme de gouvernement : le monarque ne peut, pour son intérêt et pour sa sureté, permettre les vices de la république; il les empêche aisément par son pouvoir réuni ; et comme toute la société a compromis sur un seul homme, il suffit que ce seul homme, le monarque, soit bon et vertueux, pour que ses sujets soient obligés de l'être aussi. Il sera toujours bon et vertueux, s'il n'est pas naturellement méchant, ce qui est rare, et s'il connoît ses véritables intérêts, qui sont toujours inséparables du véritable bonheur de son état. Les républiques, au contraire, resteront toujours les mêmes par leur vice radical et inhérent, la désunion et l'abus de l'amour-propre; mais on peut espérer avec raison, que les souverains seront toujours, ou du moins pour la plupart, bons et vertueux, à mesure que les siècles seront plus éclairés, et depuis qu'on donne aux princes une éducation si excellente, et qu'ils ont vu un exemple aussi beau et aussi éclatant d'un règne monarchique puissant, bon et sage, récompensé par la gloire la plus générale et la mieux méritée, par l'amour du peuple, par l'admiration des nations, et par une fortune aussi soutenue que brillante.

On reconnoîtra sans peine à ce petit tableau, le règne de notre grand roi, dont nous célébrons aujourd'hui le soixante-treizième anniversaire. J'ai cru ne pouvoir mieux faire que de choisir pour ma dissertation d'aujourd'hui, un problême que je pouvois résoudre tout de suite, en alléguant le règne de ce grand prince, pour la vie et la prospérité duquel nous faisons aujourd'hui les vœux les plus ardens. Je n'ai pas besoin de récapituler pour cet effet ses annales: toute l'Europe les sait par cœur. Personne n'ignore qu'il a marqué chaque année et chaque jour de faits et d'évènemens grands, glorieux, utiles à l'humanité, et sur-tout à ses états et sujets, qui fourniroient la matière d'un ouvrage volumineux. Ce n'est pas ici le temps ni l'endroit d'en faire usage ; l'entreprise seroit trop grande et trop longue : mais je crois que je ferai quelque plaisir à cette illustre assemblée, en poursuivant le plan que j'indiquai et commençai dans la lecture que je fis ici au même jour de l'année passée, de lui présenter une esquisse de ce que le Roi a fait de mémorable dans le cours de l'année passée, et en même-temps un précis des bienfaits extraordinaires que le roi a répandus dans le même espace de temps, sur ses différentes provinces, en y employant le surplus ou l'excédent de sa recette ordinaire, qui est requise pour les dépenses courantes de l'état, et en se les retranchant à soi-même ; ce qui monte de nouveau, comme dans les années précédentes, à plus de deux millions.

Quant à l'administration générale de l'état, elle ne fournit heureusement dans le cours de l'année passée, aucun de ces évènemens grands et brillans, qui frappent et étonnent l'univers, mais qui ne contribuent pas au bonheur de l'humanité. Toute l'Europe ayant été tranquillisée par la paix conclue entre les puissances du Sud et les nouveaux états d'Amérique, le Roi n'a eu besoin que d'être spectateur tranquille des négociations que tant de puissances ont entretenues pour affermir la paix générale de l'Europe, et d'y contribuer par ses vœux et par son suffrage. Sa majesté n'auroit presque eu d'autres relations avec les puissances étrangères, que celles qui sont requises pour entretenir le cours ordinaire des liaisons d'amitié et de voisinage, si les habitans inquiets et présomptueux d'une ville située au milieu de ses états, ne s'étoient mis en tête de profiter de certaines circonstances du temps, qu'ils ont accommodées à leurs vues et à leurs notions politiques, pour s'affranchir de la gêne qui naît de leur local, pour ôter aux sujets prussiens le passage de la Vistule par leur petit territoire, dont ils jouissent néanmoins par le territoire beaucoup plus grand du roi, et qui fait toute leur félicité ; et de s'approprier à cette occasion, une concession solennelle du commerce exclusif de la Prusse et de la Pologne, qu'ils n'ont jamais eu de droit, et qui seroit devenu injuste, impraticable, et tout-à-fait destructif pour les habitans de la Prusse occidentale, depuis que cette province est rentrée sous la légitime domination de la maison de Brandebourg. Le roi et ses ministres ont soutenu cette querelle avec autant d'équité et de modération que de fermeté. Sa majesté a usé de quelques représailles modérées, mais s'en est désisté au commencement de l'année courante, sur l'intercession de S. M. l'impératrice de Russie, et par des motifs de modération et de pitié ; enfin toute l'affaire a été mise au point, qu'il ne dépend plus que de la ville de Dantzick de faire tout rentrer dans l'ordre de la justice, de l'équité et du bon voisinage. Je n'ai pas besoin d'en dire ici davantage, ayant eu soin d'instruire le public par nos gazettes, de tout ce qui s'est passé dans cette désagréable affaire, avec un détail et avec cette vérité et franchise que je crois le mieux convenir à la politique d'une grande cour.

Le temps que le roi n'a pas eu besoin de donner aux affaires étrangères, a été d'autant mieux employé pour le bien de l'intérieur de ses états. Sa majesté s'étant fait, depuis nombre d'années, un plan uniforme de vie et d'actions, elle a passé le commencement de l'année précédente à Potsdam, expédiant tous les jours dans son cabinet les affaires courantes du pays. Le printemps de cette année ayant amené de grandes inondations de rivières, et des saisons destructives pour les récoltes, sa majesté a réparé ces maux de tout côté, en en faisant rétablir ce que l'eau avoit détruit, et en accordant de l'argent et des grains à tous ceux de ses sujets qui avoient besoin de secours. Après avoir fait exercer toutes ses troupes comme à l'ordinaire dans les mois de mars et d'avril, elle en a fait la revue au mois de mai à Berlin et à Magdebourg, et au mois de juin en Poméranie et en Prusse, ainsi qu'à la fin d'août en Silésie. Dans ces différens voyages, elle en a revu toutes les forteresses, les villes et les champs; elle y a examiné toutes les parties de l'administration civile, économique et militaire, et elle n'a rien oublié pour réparer tout ce qui pouvoit y être défectueux, et pour y faire fleurir autant que possible la justice, l'agriculture, le commerce, les fabriques, et tout ce qui appartient de près ou de loin au bonheur de son état.

Pendant l'intervalle de ces deux voyages, le roi a passé la plus grande partie des mois de juillet et d'août au magnifique nouveau palais qu'il s'est fait bâtir près de Potsdam, dans la compagnie agréable de deux sœurs chéries, et d'une famille digne de sa grande origine, et qui approche tant de l'auguste chef de cette maison pour les qualités de l'esprit et pour celles du cœur. Ces amusemens ne prennent rien sur les grandes occupations de l'état; le roi les a continuées à son retour de Silésie, pendant le reste de l'automne, dans son hermitage philosophique de Sans-souci. Lorsque la saison lui a fait quitter ce séjour délicieux, sa majesté s'est transportée à Potsdam, et de là, vers la fin de décembre, à Berlin, pour donner aux habitans de cette capitale le plaisir du carnaval, des spectacles et des redoutes. Sa majesté n'en profite plus elle-même depuis quelques années; mais elle met à profit le temps de son séjour d'hiver à Berlin, pour faire participer aux agrémens de sa société ceux qu'elle en honore, pour s'entretenir avec nombre de savans et d'artistes, et les encourager chacun dans sa carrière, mais sur-tout pour examiner de près, dans la capitale, les différentes parties de l'administration, et leur donner une nouvelle impulsion par-tout où il en est besoin. C'est ce qu'elle a fait cet hiver à l'égard de la justice, en examinant la partie du nouveau code de lois qui est achevée, et de cette partie de nos fabriques qui est la plus précieuse pour l'état prussien, celle de la laine et des draps, dans laquelle le roi a corrigé des abus pernicieux, en donnant en même-temps un fonds considérable pour y remédier. Il en fait espérer un autre pour avancer la culture de la soie, en faisant acheter les cocons des cultivateurs ignorans, et en les faisant dévider ou filer par des ouvriers habiles, pour vendre ensuite la soie bien préparée et d'une qualité égale à celle du Sud, comme j'en ai fait moi-même cette année l'expérience très-heureuse, et avérée, en la comparant avec de la véritable soie de Piémont. Je ne dis rien ici de ce grand nombre de prix que le roi fit distribuer dans le cours de l'année passée, pour l'avancement de la culture et de l'usage des prés artificiels, pour l'entretien des bois, et pour tant d'autres branches de l'économie rurale, commerçante et financière, qui sont d'ailleurs connus au public par les annonces imprimées.

La briéveté du temps ne me permet pas d'ajouter à cette esquisse, autre chose que le détail des grandes sommes dont le roi fit de nouveau présent à plusieurs de ses provinces, dans le cours de l'année 1783.

Pour la marche Electorale de Brandebourg.

1. Pour la bâtisse de maisons, d'édifices publics et de grands ponts, à Berlin et à Potsdam..	400,000 écus.
2. Pour des défrichemens dans les campagnes du Brandebourg, au nombre de 44000 arpens, et pour 336 maisons bâties à la campagne, pour des colons, des maîtres d'école et des personnes qui cultivent la soie........................	200,000
3. Pour la bâtisse de maisons ruinées dans les petites villes de la Marche................	240,000
4. Pour soutenir et encourager les bourgeois qui rebâtissent leurs maisons dans les petites villes................	20,000
5. Pour aider la ville de *Tangermünde* incendiée.........	12,000
6. Pour réparation des dommages causés par les inondations de l'Elbe et de l'Oder....	58,000
	930,000

Transport.	930,000 écus.
7. Pour le soutien de la fabrique de montres à *Friederichsthal*....................	14,000
8. Pour la réparation des bâtimens dans les bailliages...	25,000
	969,000

Pour la nouvelle Marche de Brandebourg.

1. Pour des améliorations dans les bailliages et auprès de la rivière de Warte.......	100,000
2. Pour réparation des dommages causés par l'inondation des rivières.................	36,000
3. Pour indemnisation de la mauvaise récolte............	25,000
4. Secours pour les villes de *Landsberg* et de *Schivelbein*..	2,000
	163,000

Pour la Poméranie.

1. Le roi a fait de nouveau payer à plusieurs gentilshom-

mes pour l'amélioration de leurs terres, ainsi que pour établir des colons, et pour améliorer les villes et les domaines du souverain, la somme de....	218,000 écus.
2. Pour indemnisation de la mauvaise récolte aux cultivateurs et aux paysans.........	34,000
	252,000

Pour la Prusse occidentale.

1. Pour l'établissement des colons.....................	200,000
2. Pour le rétablissement des villes.....................	100,000
3. Pour le dédommagement des inondations.............	66,000
4. En rémissions faites aux sujets, pour des malheurs casuels.....................	80,000
5. Pour deux petites fabriques.....................	8,000
	454,000

Pour le Duché de Magdebourg.

1. Pour 50 établissemens de colons.....................	11,50

Transport.	11,500 écus.
2. Pour établir des voituriers qui amènent du beurre, des œufs et autres vivres à Berlin. .	13,000
	24,500

Pour le duché de Silésie.

1. Pour aider à rebâtir les villes de *Wohlau*, de *Grünberg*, de *Schwibus* et de *Greiffenberg*, qui ont souffert par des incendies.	55,000
2. Pour rétablir de vieilles maisons dans les villes.	21,000
3. Pour faire des toits de tuile dans les villes.	10,000
4. Pour bâtir quelques maisons de curés à Glogau.	6,000
5. Pour bâtir des maisons de petits *incoles* à la campagne. .	20,000
6. Pour de nouvelles fabriques dans la *haute Silésie*. . . .	17,000
7. Pour dédommagemens d'inondations.	72,000
8. En divers présens à des particuliers.	6,000
	207,000

C'est donc une somme claire et nette de deux millions *soixante et dix mille écus* que le roi a distribuée et répandue en gratifications dans ses différentes provinces pendant le cours de l'année 1783-84. Une somme pareille est déjà accordée et désignée pour l'année 1784-85.

Le temps ne m'a pas permis jusqu'ici de faire les recherches nécessaires dans les archives, pour vérifier ce que j'avançai dans ma dissertation académique de l'année passée, que le roi a dépensé en gratifications extraordinaires données à ses sujets des différentes provinces, depuis la paix de Hubertsbourg, c'est à dire depuis l'année 1763 jusqu'en 1783, la somme de *deux millions* chaque année, et par conséquent un total de *quarante millions pendant ces vingt* ans; mais je puis produire à présent au public le compte détaillé des sommes qu'il a données chaque année à la *Poméranie* et à la *nouvelle Marche*, et qui montent depuis 1763-84.

Pour la *Poméranie*, à la somme totale de............	4,828,000 écus.
Et pour la *nouvelle Marche*, à........................	3,002,000

Compte spécial du duché de Poméranie.

1. En 1763, le roi fit rebâtir en Poméranie, dans les villages, 1200 maisons, granges et écuries, qui avoient été incendiées ou autrement ruinées pendant la guerre, pour la somme de..	1,307,000
2. Il donna aux habitans de la même province, 1200 chevaux et 374,000 boisseaux de farine, de seigle, d'orge et d'avoine, pour la valeur de......	444,000
3. En 1764, il donna pour l'établissement de 250 familles étrangères de fileurs de laine..	22,000
4. En 1769, pour le dessèchement d'une partie du grand	
	1,773,000

Transport. 1,773,000 écus.

lac de *Madue*, près de l'ancien couvent de *Colbatz*, qui seul contient en Allemagne les fameuses *Murenæ* des Romains, et par lequel dessèchement on a défriché 14000 arpens de terre et de prés, moitié au profit du domaine royal, et moitié pour des gentilshommes. 36,000

5. En 1770, il donna à la noblesse de Poméranie, pour le rétablissement et l'amélioration de leurs terres.......... 380,000

6. Pour l'établissement d'une école militaire de cadets nobles, à Stolpe............... 118,000

7. En 1771, il donna aux habitans de la Poméranie, à cause de la disette, 72,000 boisseaux de seigle, pour la valeur de... 120,000

8. Pour le défrichement des marais et des prés, le long de la petite rivière de *Plæne*, avec l'établissement de 150 familles étrangères............ 40,000

2,467,000

Transport.	2,467,000 écus.
9. Pour le défrichement d'un marais dans l'île d'Usedon, avec l'établissement de 30 familles	10,000
10. En 1772, le roi donna de nouveau à la noblesse de Poméranie, pour l'amélioration des terres	372,000
11. En 1773, de même.....	200,000
12. En 1774, de même.....	100,000
13. En 1775, de même.....	145,000
14. En 1776, de même.....	150,000
15. En 1777, de même, et pour le défrichement des marais de *Schmolsin* et de *Camin*..	200,000
16. En 1779, pour l'amélioration des terres nobles et pour le défrichement des marais près de la rivière d'*Ihna*....	100,000
17. En 1780, pour l'amélioration des terres de la noblesse.	200,000
18. En 1781, de même.....	200,000
19. En 1782, de même.....	200,000
20. En 1783, de même.....	200,000
Ainsi que pour la bâtisse de	
	4,544,000

Transport. 4,544,000 écus.

maisons pour des journaliers à la campagne.

21. Pour rétablir la ville de *Jacobshagen* 39,000

22. Pour l'établissement de 13 petites fabriques, et pour des magasins de laine 45,000

23. En 1784, de même pour l'amélioration des terres de la noblesse, et pour bâtir des maisons de journaliers 200,000

4,828,000

Compte particulier pour la nouvelle Marche.

1. En 1763, le roi fit, pour rebâtir à la campagne des bâtimens incendiés ou ruinés, une dépense de 768,000

2. Il accorda pour rebâtir la ville de *Cüstrin*, ruinée par le bombardement des Russes.... 684,000

3. Il donna alors aux habitans de cette province 6400 chevaux pour la valeur de 95,000

1,547,000

Transport.	1,547,000 écus.
4. Il leur donna 384,000 boisseaux de toutes sortes de blé pour la valeur de............	222,000
5. Il fit rebâtir la ville de *Calies* appartenant à M. de Beausobre..................	80,000
6. De même un faubourg de la ville de *Landsberg*, pour..	41,000
7. De même dans la petite ville de Falkenbourg.........	7,000
8. Pour des améliorations dans les bailliages et domaines du roi.....................	32,000
9. En 1768, le roi donna à la noblesse de la nouvelle Marche, pour améliorations des terres......................	300,000
10. En 1771, de même.....	100,000
11. En 1776, de même.....	100,000
12. En 1777, de même.....	200,000
13. En 1780, de même.....	73,000
14. En 1782, de même.....	100,000
15. En 1783, de même.....	100,000
16. En 1784, de même.....	100,000
	3,002,000

Outre ces sommes données à la nouvelle Marche, le roi a dépensé en tout un million d'écus pour mettre en digues les rivières de la Netze et de la Warta, au moyen de quoi on a desséché et defriché plus de 50000 arpens d'excellent territoire et pâturages, et établi de grandes colonies, lesquels établissemens sont presque tous au profit des villes de Landsberg et de Driesen, de l'ordre de Saint-Jean et de la noblesse qui a ses terres le long des susdites deux rivières.

Quant aux sommes dont le roi a fait présent aux gentilshommes de la Poméranie et de la nouvelle Marche, ce sont des capitaux qu'on leur a donnés à perpétuité, et à condition d'en payer un ou deux pour cent d'intérêts, dont le produit est employé pour faire des pensions aux veuves de quelques militaires, et à un certain nombre de maîtres d'école.

Voilà des comptes et des calculs aussi intéressans qu'instructifs, non seulement pour notre état et pour tous ses citoyens, mais peut-être aussi pour l'humanité en général. On peut en tirer toutes sortes d'inductions fort importantes, dont je n'alléguerai ici que quelques-unes qui se présentent à mon esprit.

Un état monarchique, qui entretient de nombreuses troupes, qui les paye exactement, ainsi que les personnes de l'état civil ; qui, au lieu d'être endetté comme presque tous les autres états, a un trésor considérable, et qui avec cela ne surcharge pas ses sujets : un tel état doit être bien gouverné.

Une puissance qui, après avoir exactement soudoyé sa nombreuse armée et tous ses autres employés pendant un demi-siècle, a encore amassé un trésor considérable, et qui a su procurer à son commerce une balance très-

très-favorable, une telle puissance, dis-je, n'est pas *éphémère*, mais très permanente; elle repose sur les fondemens les plus solides, et peut prétendre à la catégorie et à la durée des plus grandes Monarchies.

Un souverain qui a porté son état de la médiocrité à un degré pareil de grandeur et de solidité, qui se retranche à lui-même toutes les dépenses non nécessaires, pour les employer au bien de son état et de ses sujets, qui gouverne enfin en philosophe, et en père de la patrie; un tel prince peut bien passer pour le modèle des monarques, et son gouvernement est une preuve incontestable de la préférence qu'il faut donner au gouvernement monarchique sur celui de toute république.

Tout bon Prussien, et même tout cosmopolite impartial, ne manquera pas d'appliquer à la monarchie et au grand roi sous lequel nous avons le bonheur de vivre, ce que je viens d'avancer. Créateur de la monarchie Prussienne, il l'a mise en moins de 40 ans au niveau des monarchies de douze siècles ; il lui a donné une consistance et une forme aussi heureuses que durables, qui nous promettent la plus grande durée sous des successeurs nobles et généreux, imbus et pénétrés des mêmes principes ; il a même excité par son exemple l'émulation de tous les princes ses contemporains, et assuré ainsi à toutes les monarchies de l'Europe une suite de princes bons, vertueux, et capables de faire le bonheur de leurs sujets.